Mandie Davis

illustré par

Alain Blancbec

First published by Les Puces Ltd in August 2020
ISBN 978-1-9164839-8-9
© August 2020 Les Puces Ltd
www.lespuces.co.uk
Original artwork © February 2015 Alain Blancbec and Les Puces Ltd

Egalement disponible chez Les Puces

Consultez notre boutique en ligne sur www.lespuces.co.uk

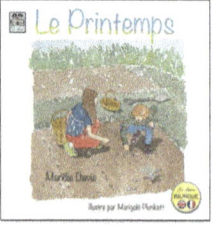  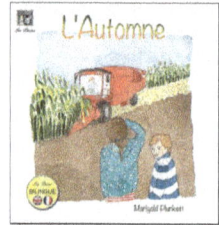  
   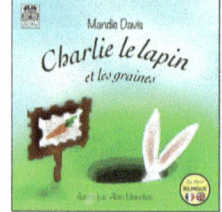 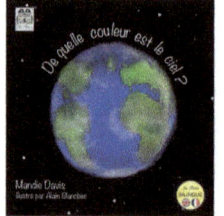
 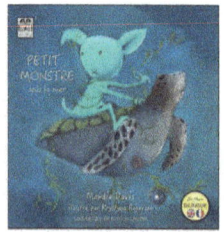   

Les hiboux opposés

Dans une forêt très, très lointaine, vit un vieux chêne.

Le vieux chêne dans la vieille forêt est entouré par de nouveaux arbres.

Dans le chêne, il y a un grand trou. Dans le trou, il y a un nid de hibou. Dans le nid, il y a deux œufs.
Un œuf est grand.
Un œuf est petit.

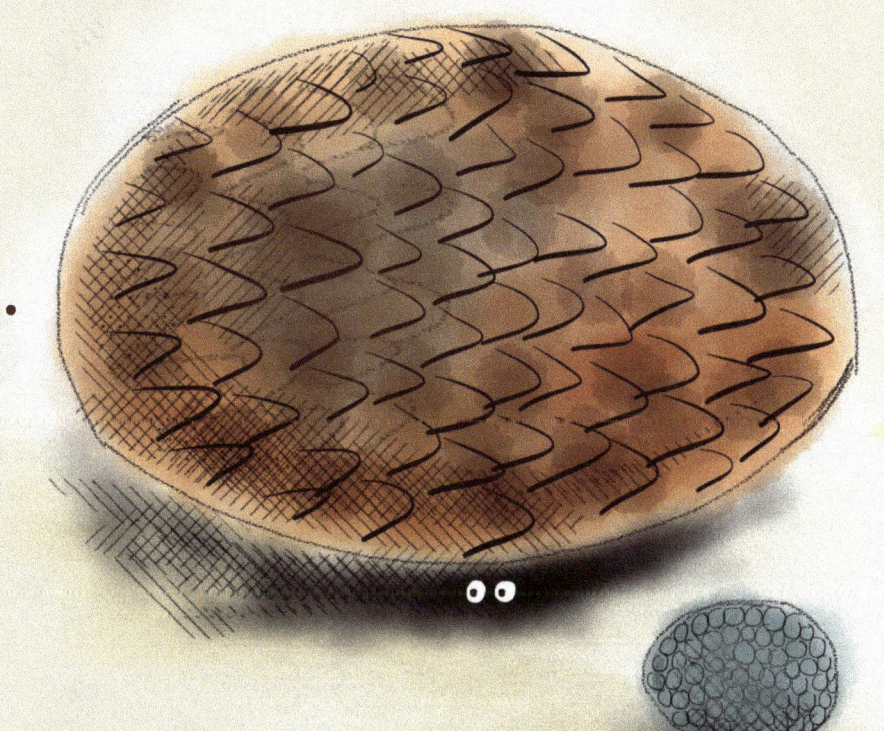

Les œufs éclosent et deux bébés hiboux naissent. Il y a un frère et une sœur. Ils sont très différents. Leur maman les appelle « les hiboux opposés » et à juste titre. Hoot est le frère. Il est très grand. Toot est la sœur. Elle est très petite.

Hoot et Toot font toujours tout à l'opposé l'un de l'autre. Si l'un tourne à gauche, l'autre tourne à droite.

Si l'un est en haut, l'autre est en bas. Toot, tu es une rigolote !

C'est l'heure de manger ! Les hiboux regardent dans deux trous. Un trou est plein d'insectes mais l'autre est vide. Hoot mange toujours beaucoup mais Toot ne mange qu'un peu. Maintenant les deux trous sont vides !

Maman Hibou leur fait une boisson. Hoot adore des boissons chaudes. Sa préférée est le chocolat chaud – miam, miam ! Toot aime des boissons froides. Elle boit du lait froid avec des glaçons et une paille. Brrr !

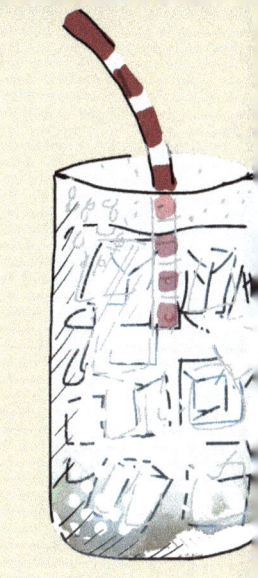

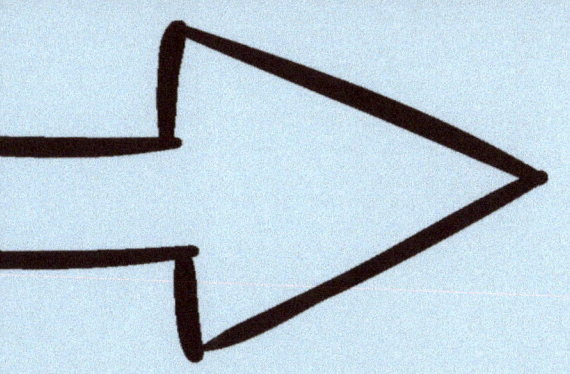

Quand ils apprennent à voler, Hoot vole toujours en avant. Toot vole toujours en arrière ! As-tu déjà vu un hibou voler en arrière ? Moi non plus !

Ils aiment jouer ensemble dans la forêt. Hoot chasse un ver de terre. C'est lent, un ver de terre ! Toot trouve un mille-pattes. Il est plus rapide ! Quand ils courent, le mille-pattes arrive en premier et le ver de terre arrive en dernier.

Ils aiment tous les deux la lune. Quand c'est la pleine lune, ils chantent. Hoot est très bruyant. « HOOT ! HOOT ! » il appelle. Toot est très silencieuse. « Toot ! Toot ! » Elle ne fait qu'un petit son.

Il est bientôt temps de laisser Hoot et Toot. C'est la fin de l'histoire et l'heure de se coucher. Pendant la journée, ils étaient animés. Maintenant, c'est la nuit et ils sont fatigués.

Quand ils sont éveillés,
la lumière est **allumée**
dans le vieux chêne.

Mais maintenant, la lumière est éteinte et ils seront bientôt endormis. Chuuuut ! Au revoir Hoot et Toot ! Bonne nuit !

But now the light is switched off and they will soon be asleep. Shhhh! Goodbye Hoot and Toot. Goodnight!

When they are awake, the light is switched on in the old oak tree.

It is almost time to leave Hoot and Toot. It's the end of the story and time for bed. In the daytime, they were lively. Now, it's nighttime and they are tired.

They both love the moon. When it's a full moon, they sing. Hoot is noisy. "HOOT! HOOT!" he calls. Toot is very quiet. "Toot! Toot!" She only makes a little noise.

They like to play together in the forest. Hoot hunts for a worm. The worm is slow! Toot finds a millipede. It's much faster! When they race, the millipede finishes first and the worm comes last.

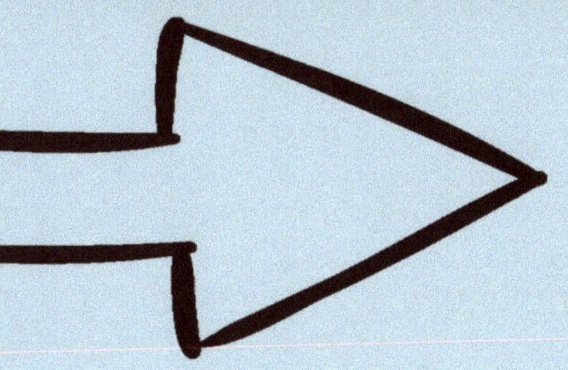

When they learn to fly, Hoot always flies forwards. Toot always flies backwards! Have you ever seen an owl fly backwards? Me neither!

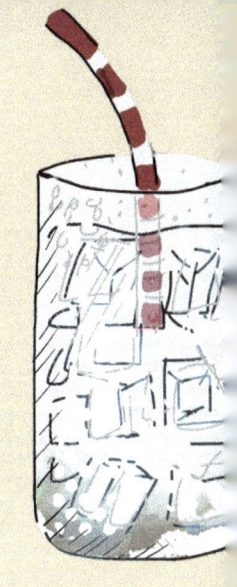

Mummy Owl makes them a drink. Hoot loves hot drinks. His favourite is hot chocolate - yum, yum! Toot likes cold drinks. She drinks cold milk with ice and a straw. Brrrr!

It's time to eat! The owls look in two holes. One hole is full of insects but the other is empty. Hoot always eats lots, but Toot only eats a little bit. Now the two holes are empty!

If one is up, the other is down. Toot, you are funny!

Hoot and Toot are always doing the opposite to each other. If one turns left, the other turns right.

The eggs hatch and two baby owls are born. A brother owl and a sister owl. They are very different. Their mummy calls them 'the opposite owls' and she is right. Hoot is the brother. He is very big. Toot is the sister. She is very small.

In the oak tree, there is a big hole. In the hole, there is an owl's nest. In the nest, there are two eggs. One egg is big. One egg is small.

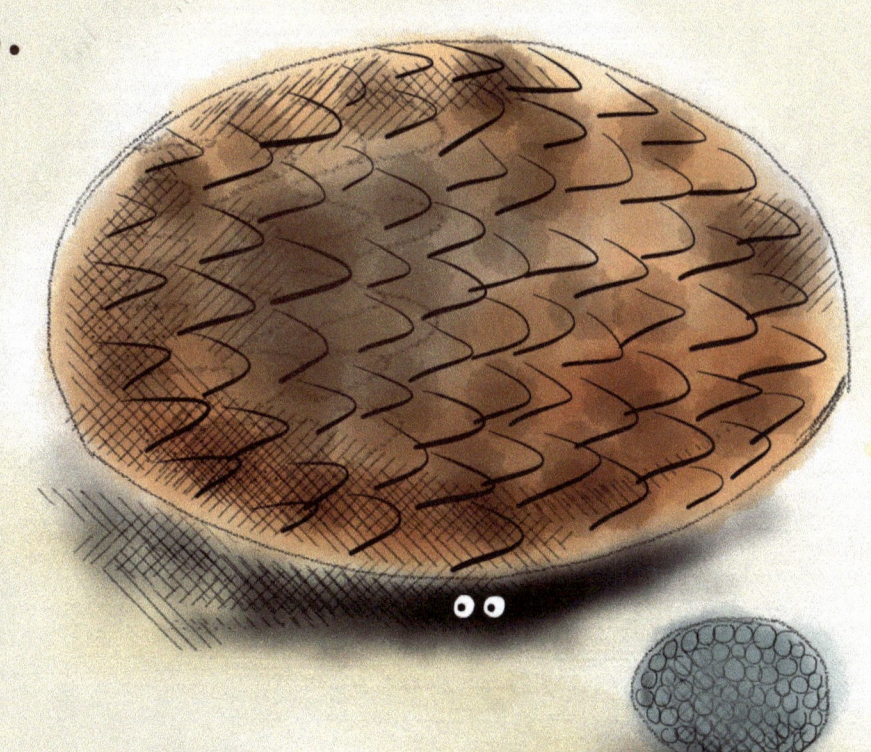

The old oak tree in the old forest is surrounded by new trees.

In a forest far, far away, lives an old oak tree.

Also available from Les Puces

Visit the shop on our website at www.lespuces.co.uk

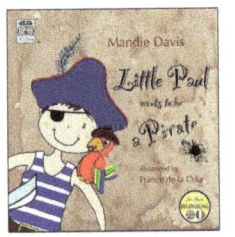

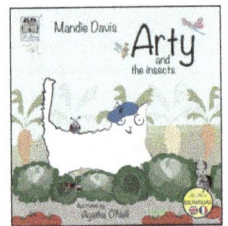
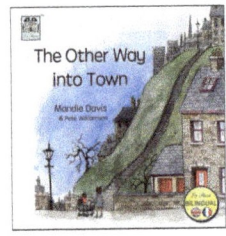

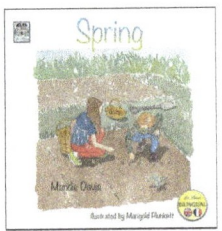

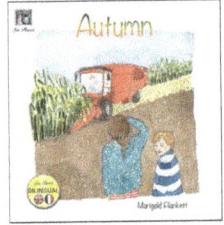
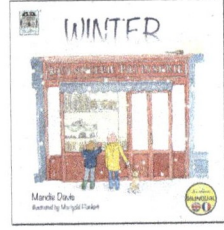
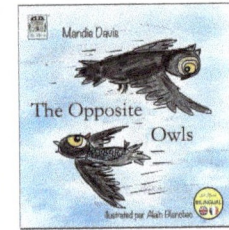

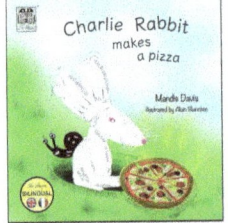
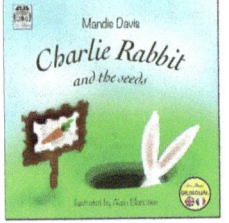

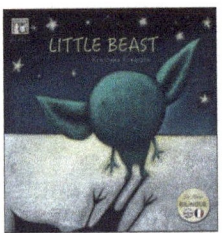
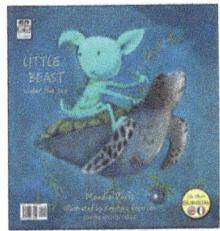
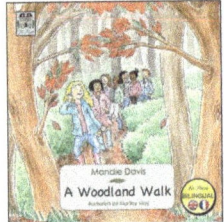

Mandie Davis

illustrated by

Alain Blancbec

First published by Les Puces Ltd in August 2020
ISBN 978-1-9164839-8-9
© August 2020 Les Puces Ltd
www.lespuces.co.uk
Original artwork © February 2015 Alain Blancbec and Les Puces Ltd

www.ingramcontent.com/pod-product-compliance
Lightning Source LLC
Chambersburg PA
CBHW051248110526
44588CB00025B/2918